So wird es gemacht:

Öffne das mini LÜK®-Kontrollgerät und lege die Plättchen in den unbedruckten Deckel.

Jetzt kannst du auf den Plättchen und auf der Bodenplatte die Zahlen 1 bis 12 sehen.

Beispiel: Seite 2

Tiere im Zoo

Nimm ein Plättchen, z. B. das Plättchen 1 und sieh dir das Tier auf dem Bildausschnitt Nr. 1 an. Wo findest du das Tier auf dem Bild oben wieder? Es ist der Pinguin mit der Nummer 6. Das ist auch die Feldzahl, auf der du das Plättchen ablegen mußt.

Lege also das Plättchen 1 auf das Feld 6 der Bodenplatte. Die Zahl **1** muß nach oben zeigen.

1	2	3	4	5	**6**
7	8	9	10	11	12

So mußt du weiterarbeiten, bis alle 12 Plättchen auf der Bodenplatte liegen. Schließe dann das Gerät und lege es herum. Öffne es von der Rückseite!

Wenn du das bei der Übungsreihe abgebildete Muster siehst, hast du alle Aufgaben richtig gelöst. Passen einige Plättchen nicht in das Muster, dann hast du dort Fehler gemacht. Wende diese Plättchen dort, wo sie liegen, um, schließe den Kasten, lege ihn herum und öffne ihn wieder.

Nun kannst du sehen, welche Aufgaben du falsch gelöst hast.

Nimm jetzt diese Plättchen heraus und suche die richtigen Ergebnisse! Kontrolliere dann noch einmal! Stimmt jetzt das Muster?

So wie eben beschrieben, werden die Puzzle- und Suchbilder gelöst. Es gibt auch Übungen, bei denen du dich zwischen ja ☺ oder nein ☹ bzw. zwei Möglichkeiten entscheiden mußt. Neben diesen Symbolen bzw. neben dem richtigen Bild steht dann die Feldzahl, auf der du das Plättchen ablegen mußt.

Und nun viel Spaß!

Tiere im Zoo

Wo findest du diese Tiere auf dem Bild wieder?

1

2

3

4

7

8

9

5

6

10

11

12

In der Stadt

Ordne die Puzzleteile richtig zu!

1
9
10
6
7
2
12
4
5
3
8
11

Brauchst du diese Sachen in der Schule?

Antworte bitte mit ja ☺ oder nein ☹!

7

2 6

8

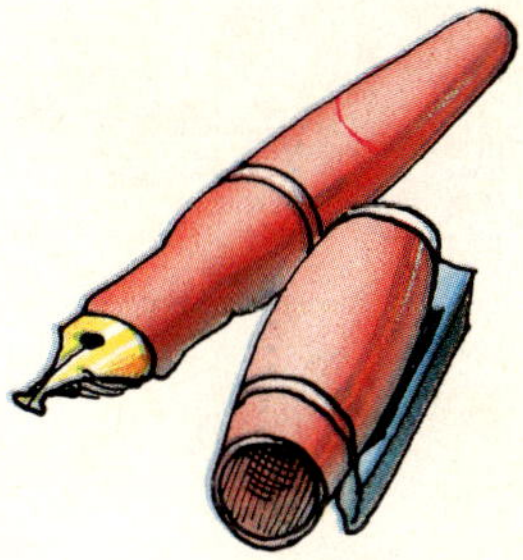

1 5

9

9 3

10

2 5

11

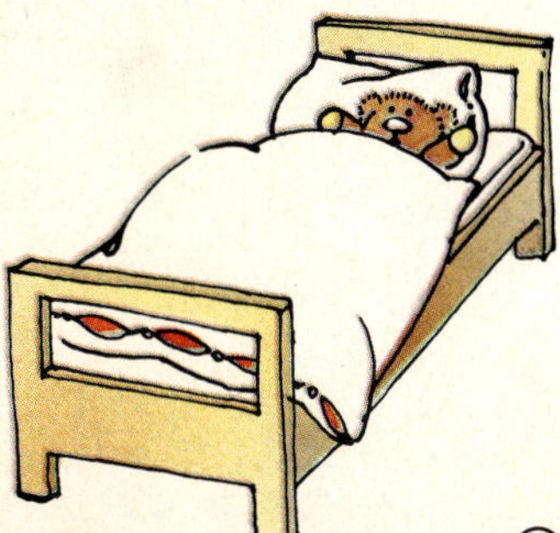

10 3

12

2 12

Was findest du im Badezimmer?

Wähle aus zwei Möglichkeiten!

1

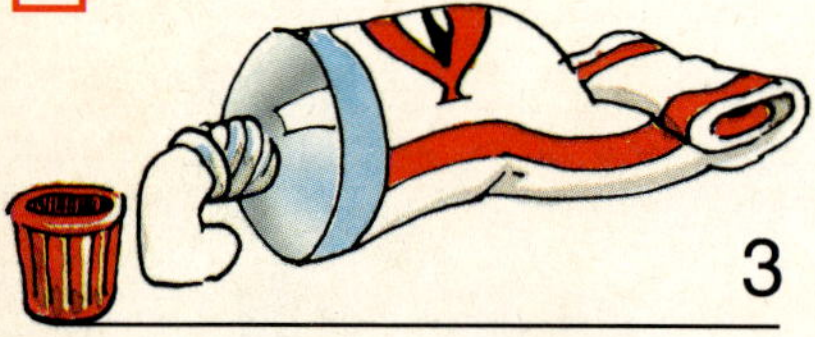

3

2

2

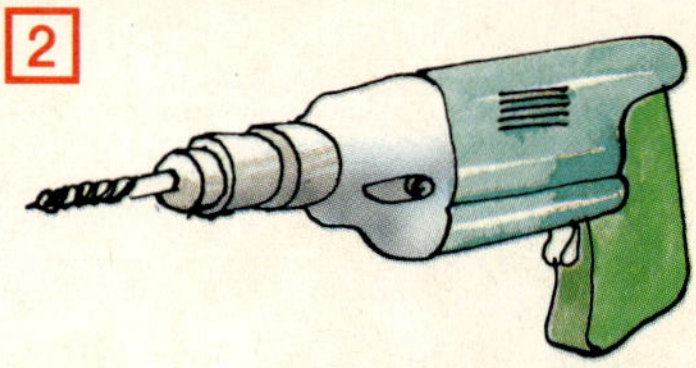

5

6

3

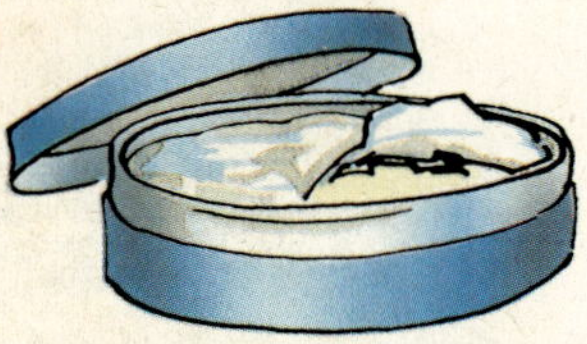

1

4

4

7

4

5

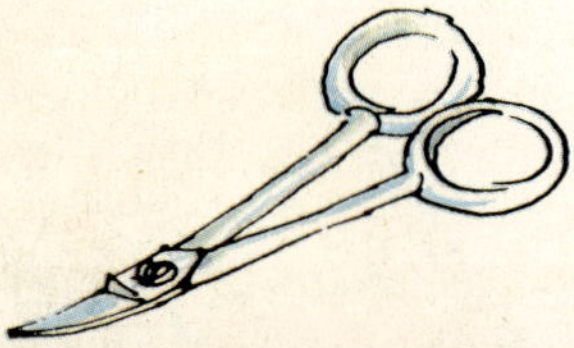

7

8

6

9

5

7

10

12

8

12

9

9

8

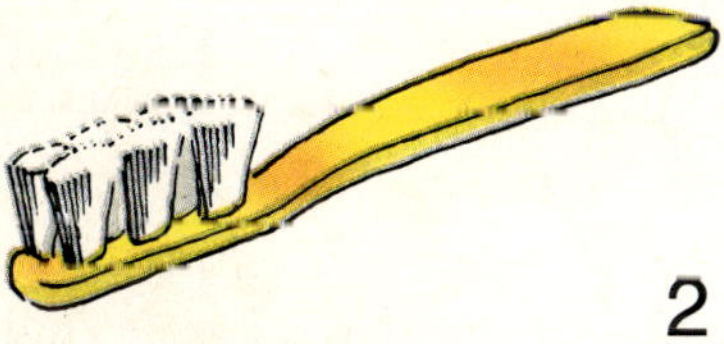

2

10

11

9

11

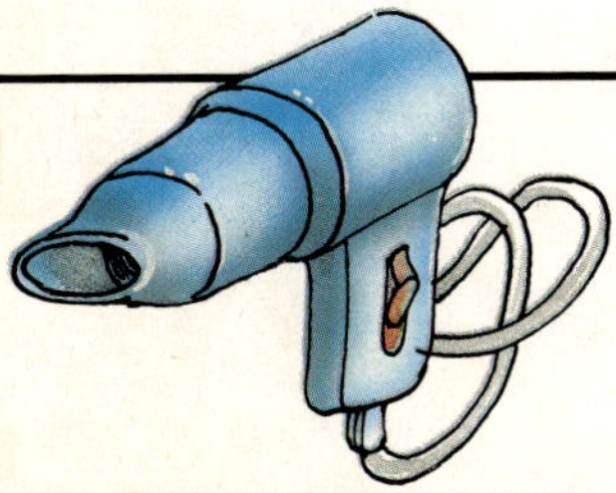

8

1

12

10

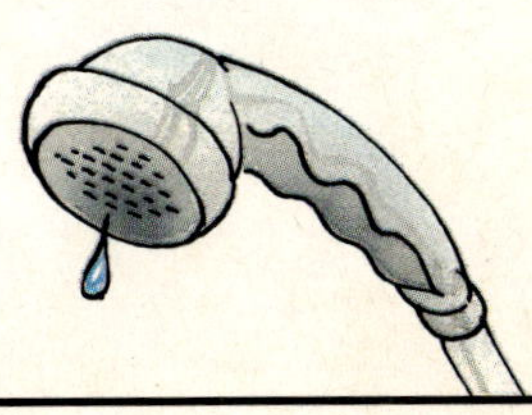

11

Auf dem Bahnhof

Entdeckst du alle Puzzleteile?

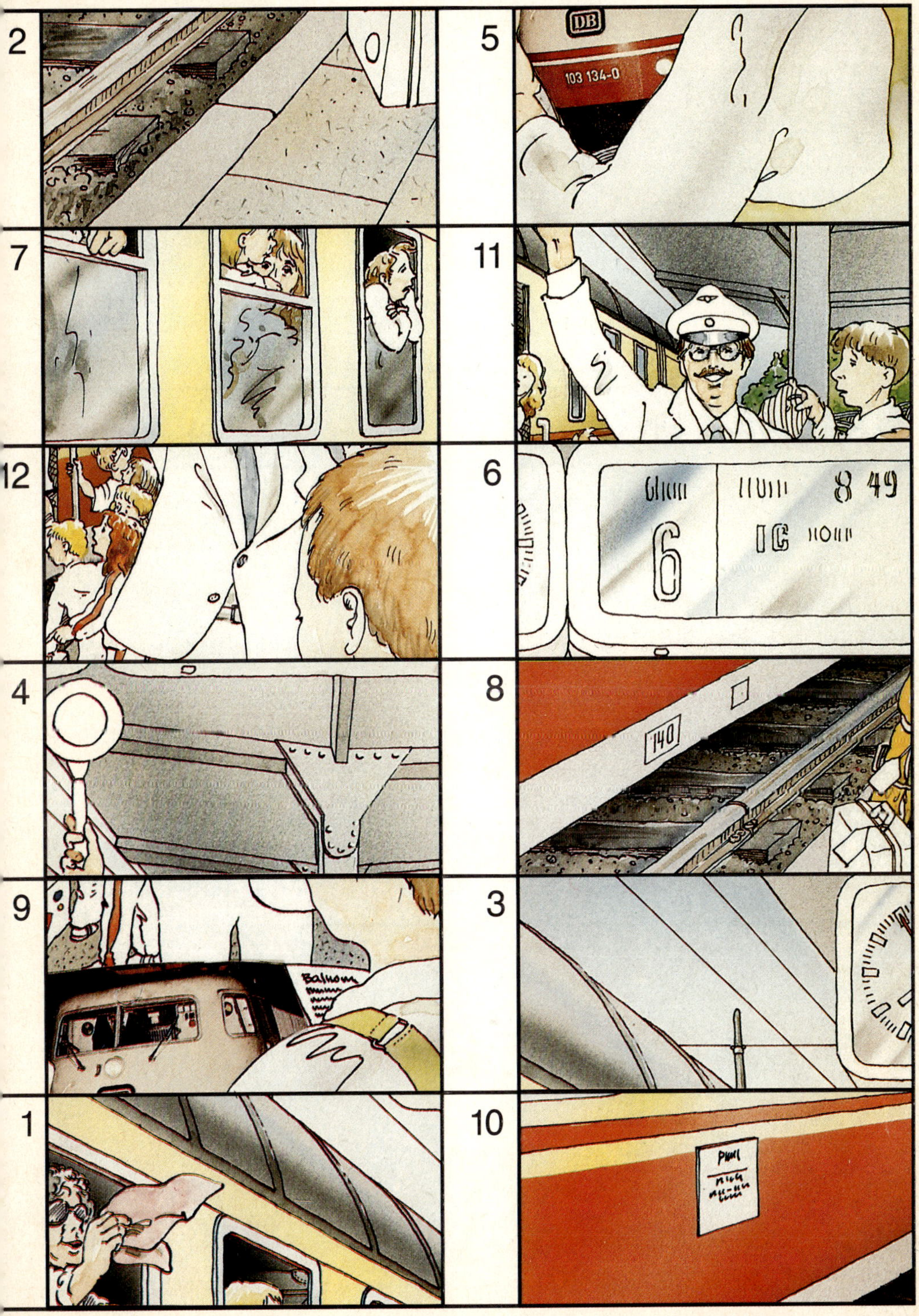
2
5
DB
103 134-0
7
11
12
6
6
8 49
IC
4
8
140
9
3
1
10

Kannst du das beim Schlachter kaufen?

Entscheide dich, ob ja ☺ oder nein ☹!

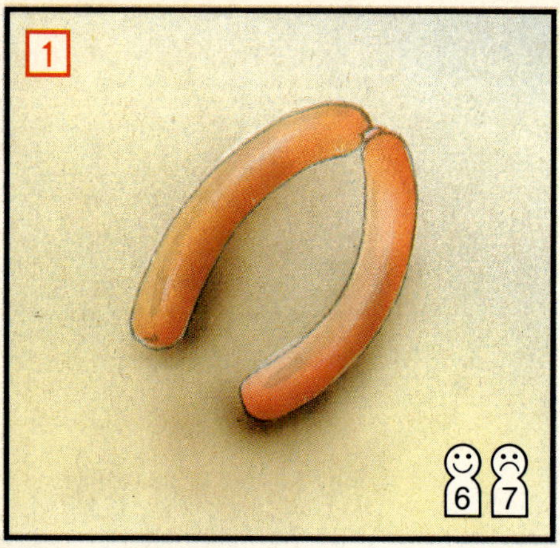

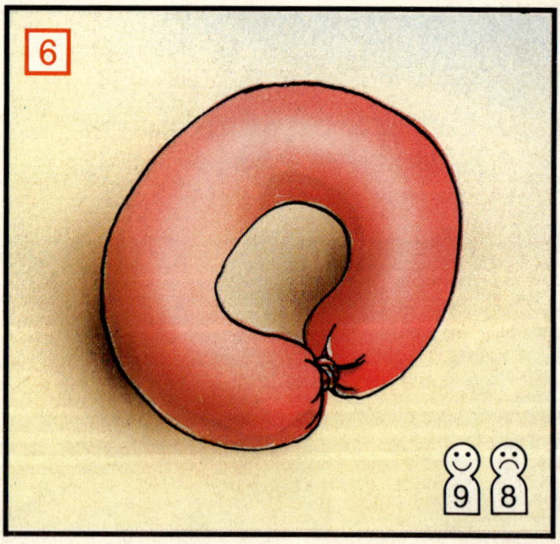

7
11
12

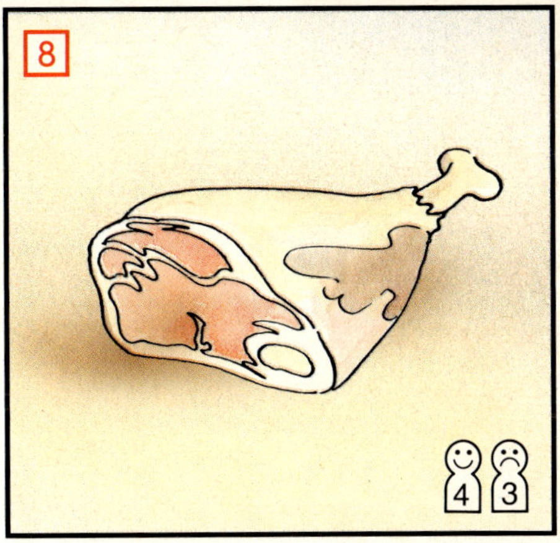
8
4
3

9
10
DEUTSCHE BUNDESPOST
3
2

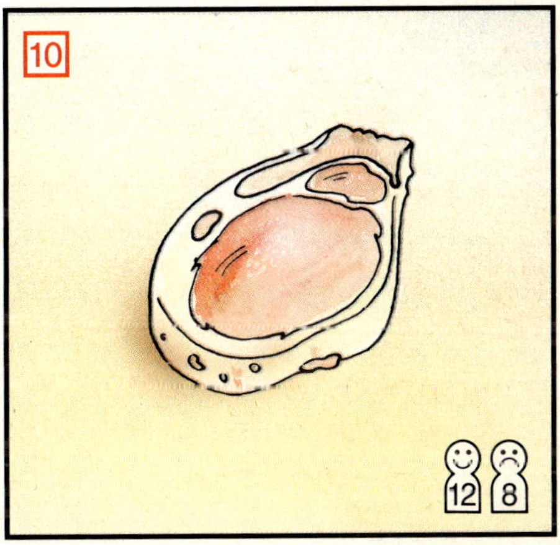
10
12
8

11
1
8

12
3
2

Das verkehrssichere Kinderfahrrad

Finde die abgebildeten Einzelteile!

10
11
9
7
5
8
12

7
8
9
10
11
12

Im Schwimmbad

Ordne alle Puzzleteile richtig zu!

8
6
2
3
5
9
1
7
4
12
11
10

Leben diese Tiere im Wald ?

Entscheide dich, ob ja ☺ oder nein ☹ !

7

8

9

10

11

12

Wächst das in unserem Garten?

Entscheide dich, ob ja ☺ oder nein ☹!

1

☺ 9 ☹ 10

2

☺ 4 ☹ 5

3

☺ 2 ☹ 12

4

☺ 11 ☹ 10

5

☺ 8 ☹ 7

6

☺ 12 ☹ 3

7

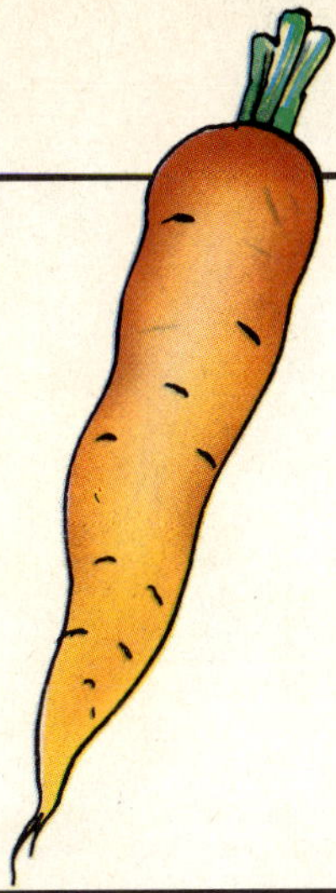

4 6

8

7 11

9

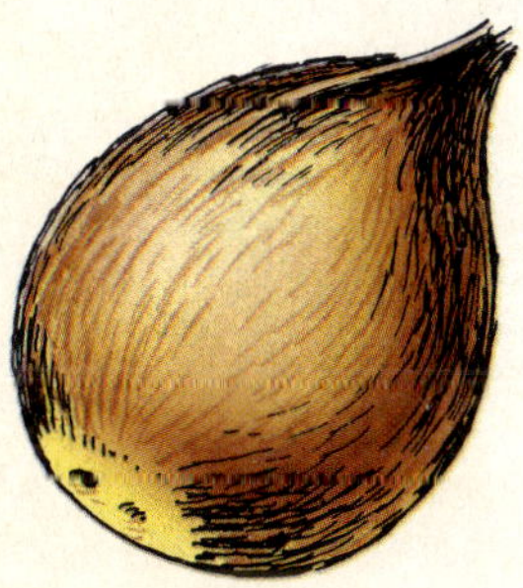

3 7

10

3 1

11

1 2

12

6 5

Auf dem Land

Suche die Puzzleteile!

1

6

5

9

3

8

11

4

12

2

10

7

Ein kunterbuntes Fabeltier

Ordne die Tiere richtig zu!